Inhalt

Displaytrends

Kernthesen

Beitrag

Fallbeispiele

Weiterführende Literatur

Impressum

Displaytrends

M. Westphal

Kernthesen

- Im Display-Bereich stehen grundlegende Veränderungen an.
- Das alte Röhrengerät hat als Display ausgedient und wird durch flache, stromsparende Alternativen ersetzt.
- Nicht nur die aus dem PC-Bereich schon bekannten LCD-Displays kommen verstärkt auch für andere Anwendungen auf den Markt, sondern unterschiedlichste innovative Technologien eröffnen ganz neue Anwendungsfelder.

Beitrag

Nachdem der typische röhrenbasierte

Computerbildschirm kaum noch angeboten wird, entwickelt sich der Markt für Displays in sämtlichen Segmenten (Heim-Fernseher, Personal Digital Assistants, Handys, etc.) rasant und es kommen auch völlig neue Anwendungsfelder hinzu, die "alte" und traditionelle Gewohnheiten revolutionieren.
Es gibt verschiedene Technologien, die sich für die unterschiedlichen Anwendungsfelder anbieten, bzw. für das eine oder andere Feld jeweils prädestiniert sind. Zu beachten ist, dass an Entwicklungen gearbeitet werden, die auch das Display als solches revolutionieren, welches nicht unbedingt als "starres" Medium, sondern auch flexibel und ggf. aufrollbar vorstellbar und eben auch möglich ist.
Die folgenden Abschnitte werden über die unterschiedlichen Ansätze, ihre jeweiligen Vor- und Nachteile wie auch spezifischen Anwendungsfelder und Entwicklungsmöglichkeiten informieren.

LCD- und Plasmatechnologie:

LCD (Liquid Cristal Technology) heißt übersetzt Flüssigkristall-Bildschirm. Im Gegensatz zu Plasmageräten sind sie deutlich leichter. Außerdem hat diese Technologie bei PC-Bildschirmen bereits den Durchbruch geschafft. Sie brauchen darüber hinaus deutlich weniger Energie als Plasma- oder Röhrengeräte. Zwar ist das größte LCD-Display mit einer Bildschirmdiagonalen von 137 cm kleiner als der größte Plasmafernseher, gleichzeitig ist ein LCD-Gerät teurer als ein Plasma-Gerät, aber die Lebensdauer von 82 Jahren (bei täglicher Betriebsdauer von 2h) ist deutlich länger als die von Plasma-Geräten und auch Röhrenfernsehern. Der größte Röhrenfernseher hat im Vergleich dazu eine Diagonale von 90 cm. Er hält bei einem Konsum von täglich zwei Stunden 10 Jahre, ist aber eben noch deutlich günstiger als Plasma- und LCD-Schirme. (1) Der Trend geht nicht rein zu Flachbildschirmen, sondern inzwischen auch zu wirklich hochauflösenden LCD- und Plasmaschirmen. So zeigte Samsung auf der Photokina in Köln aktuelle Modelle der hochauflösenden SyncMaster-MP-Monitore, worunter sich auch ein 24-zölliger Schirm mit echter HDTV (High Definition TV) Auflösung (1920 x 1200 Bildpunkte) befand. Neben PC-Anschlüssen wartet dieses Gerät auch mit einem echten TV-Tuner auf. (2)

OLED (Organic LightEmitting Diode):

Von der Firma Novaled in Dresden ist eine wegweisende Technologie für Displays entwickelt worden. Sie basiert auf organischen Leuchtdioden,

sogenannten OLED Displays. Den Strom leitenden Transportschichten werden ganz gezielt ausgesuchte, selbst entwickelte Materialien beigemischt, die den OLEDs angepasst werden, um so die Leitfähigkeit für Strom drastisch zu erhöhen (und damit eben auch die Effizienz). So verringert sich der Energieverbrauch der OLED-Displays um die Hälfte. Gegenüber der Konkurrenz hat Novaled nach eigenen Aussagen einen Vorsprung von etwa zwei Jahren. Die Technologie, die in zwei Jahren marktreif sein soll, wird derzeit potenziellen Kunden in Asien und den USA vorgestellt und ist in Europa, Asien und den USA zu Patent angemeldet. (3)
In Japan ist von Sony der erste PDA mit einem OLED-Display (Organic LightEmitting Diode) vorgestellt worden. Der Bildschirm des Cliè PEG-VZ90 leuchtet deutlich heller als andere PDA-Displays und liefert mit 1000:1 erstaunliche Kontrastwerte bei äußerst geringer Leistungsaufnahme. So sind dann auch Laufzeiten von mehr als 12 Stunden möglich. Der Schirm zeigt eine Auflösung von 480 x 320 Pixel bei einer Farbtiefe von 18 Bit. Darüber hinaus ist er in alle Richtungen praktisch blickwinkelunabhängig. (4)

OLEDs eigenen sich sehr gut für die Verwendung in Displays und kleinen Bildschirmen. Sie nutzen die Energie besser aus und können flacher und leichter gebaut werden. Das kann gerade in Mobiltelefonen und im Auto von Vorteil sein. (5)

E-Ink:

Üblicherweise sind Sony und Philips Konkurrenten. Aber im März dieses Jahres sorgte eine gemeinsame Pressemitteilung für Aufsehen. Die beiden Konzerne präsentierten zusammen mit dem US-Unternehmen E-Ink das erste kommerzielle E-Paper-Produkt LIBRIè. Es ist das erste sogenannte elektronische Papier. Das Format lehnt sich an das eines Taschenbuchs an, das Gewicht beträgt 190 Gramm und LIBRIè ist mit einer Speicherkapazität ausgestattet, die es erlaubt, bis zu 500 Bücher zu archivieren.
Vor einigen Jahren wäre ein solches Produkt noch unter der Bezeichnung E-Book vermarktet worden. Schon vor gut einem Jahrzehnt hatte Sony ein solches E-Book in seinem Angebot. Allerdings war dieses eher ein Spielzeug, "weil es technisch eben möglich war", mit dem man auf einem schlechten Display Bücher lesen konnte. Aber, insbesondere wegen der schlechten Qualität und der kurzen Batterielebensdauern war dieses Produkt ein Flop. Grund zum "Re-Launch" des E-Books war bzw. ist auf Philips-Seite die Intention, mit seinen Displays langfristig, Papier zu ersetzen. Und so feilte man die letzten drei Jahre mit E-Ink an der neuen Display-Technologie namens E-Paper. (6)

Die elektronische Tinte E-Ink wurde 1997 am Massachusetts Instiutute of Technology entwickelt. Sie besteht aus winzigen Mikrokapseln, die mit elektrisch geladenen schwarzen und weißen Partikeln gefüllt sind. E-Ink kann man sich wie einen Film vorstellen, der auf jede Oberfläche aufgetragen werden kann und über Schaltkreise von dort gesteuert wird. Im Falle von positiv geladener elektrischer Spannung schwimmen die schwarzen Partikel nach oben und sind für den Betrachter als schwarze Punkte sichtbar. Die weißen Teilchen werden durch eine gegenteilige Spannung nach unten gezogen. Der Prozess funktioniert auch umgekehrt. Auf diese im Grunde recht einfache Weise wird Schrift auf dem Display erzeugt. (6) Vorteil gegenüber Computer-Displays ist, dass die Schrift gestochen scharf ist und vom Betrachter tadellos auch durch einen Blick von der Seite auf den Bildschirm gelesen werden kann. Das sind wichtige Kriterien für entspanntes Lesen. Außerdem funktioniert dieses Display auch bei Sonnenlicht sowie auch in dämmriger Umgebung. Und ein E-Paper ist ausdauernd, es ermöglicht bis zu 10 000 aufgerufene Seiten, bis der Weg zur Steckdose angetreten werden muss.
Die Kooperation mit Sony ist Philips u. a. deshalb eingegangen, weil Japan als Akzeptanzmesser für diese technische Innovation als erstes Testfeld auserkoren worden ist. In den ersten vier Wochen

nach Launch wurden in Japan 400 Geräte verkauft. (6)

Um die Kunden optimal zu bedienen, wären Displays in allen Größen, selbstverständlich gut leserlich aber auch faltbar und strapazierfähig nötig. Philips arbeitet in seinen Labors deshalb gerade an ultradünnen, flexiblen Plastikfolien auf Polymerbasis, auf denen E-Ink-Technologie verwandt wird. In vier bis fünf Jahren erwartet man bei Philips auch farbige E-Paper-Displays, organische und gleichzeitig robuste Displays wird es aber voraussichtlich erst in etwa zehn Jahren geben. (6)

3D-Darstellungstechniken:

Ein weiterer Trend im Bereich der Displaytechnologien ist eigentlich kein Display (zumindest im herkömmlichen Sinne). Es handelt sich um die projizierten Bilder "morpheus 3 mobile" der Firma more3D. Hierbei handelt es sich um ein mobiles 3D-Projektionssystem, welches einfach eine weiße Wand als Projektionsfläche nutzt. Ziel dieser Technologie ist es, z. B. Architekten zu ermöglichen, virtuelle Modelle direkt beim Kunden zu präsentieren. Außerdem können Entwicklungsabteilungen technische Zusammenhänge "greifbar" machen. Für den Consumer-Bereich sind Anwendungen

angedacht, die den Spieler eines PC-Spieles an seiner Wohnzimmerwand in virtuelle 3D-Welten tauchen lässt.
Bestehend ist das System aus einem PC neben der Software von more 3D, welche stereoskopische Bilder erzeugt. Daneben werden zwei leistungsfähige DLP-Projektoren benötigt. (2)

Fallbeispiele

Osram hat von einem Mobilfunkhersteller eine erste Bestellung über OLED-Displays auf Basis von Polymeren für 1,5 Millionen Handys erhalten. Damit wähnt sich Osram als der derzeit größte Hersteller auf Polymerbasis. Zwar wird der Auftraggeber nicht genannt, aber laut Aussagen von Osram ist es nicht Siemens. (5)

Osrams Tochtergesellschaft Opto Semiconductors fertigt Leuchtdioden (LEDs), organische Leuchtdioden (OLEDs) und Laser. Immerhin wurde im vergangenen Geschäftsjahr bei Osram schon ein Zehntel des Umsatzes von 4,2 Milliarden Euro mit diesen Produkten erzielt, klassische Glühlampen im Vergleich dazu erwirtschaften nur noch vier Prozent.

(5)

Weiterführende Literatur

(1) Je grösser der Bildschirm, desto tiefer fallen die Preise
aus HandelsZeitung vom 01.09.2004 Seite 32

(2) Projektoren und Displays
aus c't - Magazin für Computertechnik, 20/2004, S. 28

(3) Junge Spin-Off-Firma will im Orchester der Großen mitspielen Organische Leuchtdioden aus Dresden
aus Die Welt, Jg. 59, 24.09.2004, Nr. 224, S. WR4

(4) Erster PDA mit OLED-Display
aus c't - Magazin für Computertechnik, 21/2004, S. 25

(5) Leuchtdioden so klein wie ein Sandkorn
aus Frankfurter Allgemeine Zeitung, 25.08.2004, Nr. 197, S. 12

(6) Was ist eigentlich - E-PAPER?
aus brand eins, Heft 7/2004, S. 142-143

(7) PDA-Herbstkollektion mit Multifunk, VGA-Bildschirm und Kamera
aus c't - Magazin für Computertechnik, 17/2004, S. 26

(8) Teurer Hoffnungsträger
aus werben & verkaufen Nr. 41 vom 07.10.2004 Seite

026

Impressum

Displaytrends

Bibliografische Information der deutschen Nationalbibliothek

Die Deutsche Nationalbibliothek verzeichnet diese Publikation in der deutschen Nationalbibliografie; detaillierte bibliografische Daten sind im Internet über http://dnb.d-nb.de abrufbar.

ISBN: 978-3-7379-0298-4

© 2015 GBI-Genios Deutsche Wirtschaftsdatenbank GmbH, Freischützstraße 96, 81927 München, www.genios.de

Alle Rechte vorbehalten. Dieses Werk ist einschließlich aller seiner Teile – z.B. Texte, Tabellen und Grafiken - urheberrechtlich geschützt. Jede Verwertung außerhalb der Grenzen des Urheberrechtsgesetzes bedarf der vorherigen Zustimmung des Verlags. Dies gilt insbesondere auch für auszugsweise Nachdrucke, fotomechanische Vervielfältigungen (Fotokopie/Mikroskopie), Übersetzungen, Auswertungen durch Datenbanken oder ähnliche Einrichtungen und die Einspeicherung und Verarbeitung in elektronischen Systemen.